नयी उम्मीद की दुनिया

माधव कौशिक

वाणी प्रकाशन

वाणी प्रकाशन

4695, 21-ए, दरियागंज, नयी दिल्ली 110 002

फ़ोन : +911123273167 फ़ैक्स : +911123275710

शाखाएँ

अशोक राजपथ, पटना 800 004, बिहार

कॉफ़ी हाउस कैम्पस, महात्मा गांधी मार्ग, इलाहाबाद 211 001, उत्तर प्रदेश

महात्मा गांधी अन्तरराष्ट्रीय हिन्दी विश्वविद्यालय, वर्धा 442 001, महाराष्ट्र

सुल्तानिया रोड, मोतिया पार्क, भोपाल 462 001, मध्य प्रदेश

www.vaniprakashan.in

marketing@vaniprakashan.in

sales@vaniprakashan.in

NAYEE UMMEED KI DUNIYA
by Madhav Kaushik

ISBN : 978-93-88684-36-1
Ghazal

प्रथम संस्करण 2019

मूल्य : ₹ 299

सिटी प्रेस, दिल्ली-110 095 में मुद्रित

वाणी प्रकाशन का लोगो मक़बूल फ़िदा हुसेन की कूची से

प्रिय शकुन्त के लिए

अनुक्रम

दुखों की आग से सारे सुखन बचा लाये 9
हथेलियों पे ये काला निशान है कब से 10
धीरे-धीरे घर की अस्मत जब लगान तक जा पहुँची 11
हालत पहले सी भी ज़्यादा बदतर है 12
नूरे-इलाही भी होता है आवारा दीवानों में 13
मुझको जगा रहे हैं सपने, हज़ार सपने 14
सबके सर से गुज़र के रहता है 15
जहाँ बचपन के दिन बैठे मिलेंगे बदलियाँ बन कर 16
किसी के चीखने पर क्यों कोई बाहर नहीं निकला 17
अँधेरा ही अँधेरा है जिधर देखें, जहाँ देखें 18
झूठ-मूठ के नारों को मत छू लेना 19
अब ये कैसी आफत आयी है घर पर 20
मेरे ज़ख्मों के सिवा कुछ भी न था 21
जाने मैं कब से खड़ा हूँ ग़म की गहरी धूप में 22
छाया की कैसी प्रतिछाया देख सही 23
कोई भी शे'र तेरे वास्ते लिक्खा नहीं हमने 24
ज़माने से डरेगा या जहाँ को मार जायेगा 25
समुन्दर धूप का, ढलते ही सूरज सूख जाता है 26
हथेली को भी नाखूनों से इतना दूर करते हैं 27
जंग अभी तक जारी है 28
झूठ और सच में फर्क नहीं 29

इनसानों में कब कुछ है 30
बहुत मुश्किल से मिलती है मोहलत मुस्कुराने की 31
निशाँ नफरत के धरती की हथेली से मिटाने दो 32
डूब कर फिर उभर भी जाते हैं 33
हमने सीखा यही सियासत से 34
सबके हाथों में खंज़र है क्या तुम को मालूम नहीं 35
खिड़की, रोशनदान, मुँडेरें, ग़म के मारे दरवाज़े 36
इस सूखे मरुथल में आखिर कोई कभी तो आयेगी 37
बेकाबू जज़बात हुए 38
सावधानी इतनी थी कि सावधानी में हुआ 39
ज़ेहन वीरान है खँडहर सरीखा 40
सज़ाये-मौत जैसी कट गयी है 41
बात निकली तो नयी बात समझ में आयी 42
कौन किसका है तलबगार समझ में आया 43
खुद को अफसाने का किरदार समझ लेते हैं 44
न जाने नाम किस का था खबर में 45
मेरी आँखों में है चेहरा किसी का 46
हस्बे-मामूल वही है दुनिया 47
असल किस्सा, कहानी हो गया है 48
हालत से हालात छिपा कर रखता है 49
ज़िन्दगी जीने का कुछ ऐसा हुनर है मुझ में 50
कर्ज़ उगाही करने वाला घर-आँगन के द्वार खड़ा है 51
कोई शबनम नहीं टिकती किसी अंगार के आगे 52
सभी की आँख में आँसू तो हैं सपने नदारद हैं 53
पिछले सारे ज़ख्म भुला कर बैठे हैं 54
हमें रखती हैं ज़िन्दा इस कदर हर बार उम्मीदें 55
ज़रा सा हौसला तो रख कभी कुछ कर गुज़रने का 56
तुम्हें सब कुछ नज़र आने लगेगा 57

अधूरा छोड़ कर शायर भी जिसको भूल जाता है 58
मेरे मन में भी दुविधा है कुछ-ना-कुछ 59
अपने से अनजान रहा 60
इनसानों की हरकत देख 61
जाने कितने राज़ दफन हैं हर दिल के तहखाने में 62
जाओ, जाकर समझा भी दो असली बात ज़माने को 63
क्यों अपने को छलता है 64
प्यास से लड़ती हुई बस ज़िन्दगानी चाहिए 65
मुसाफिर हूँ मैं नग़मों के नगर का 66
घर था, घर में आँगन था 67
धरती ढूँढ़ी अम्बर भी 68
अगर सियासत से डर जाता 69
जीवन को आसान बना 70
ग़म की बदली छाने दे 71
सर पे जैसे कि आसमान नहीं 72
धूप की आग में जला जाये 73
सपनों को आवाज़ लगाता फिरता है 74
कोई तो है बड़ी खला मुझमें 75
नाम उसका भुला दिया मैंने 76
जी भर कर चिल्लाता है 77
खाली पड़ी ज़मीन के उनवान सा लगा 78
धरती पर भी अम्बर है 79
हाल-दिल सबको सुनाना भी मुहाल 80
खुली आँखों से चेहरे देखते हैं 81
अपने को भरमाना छोड़ 82
मुश्किल राम-कहानी है 83
जीवन का मकसद अब तो, समझा दे मौला 84
मेरी भी मज़बूरी देख 85

घूम रहे हैं मारे-मारे रस्ते में 86
बस अपने से हारा हूँ 87
नये पुराने सारे किस्से अपने हैं 88
करता हूँ मैं बात सभी की 89
ग़म का सूरज जहाँ निकलने लगता है 90
बन्द पलकों की हर सीपियाँ अब हमें 91
इतना हाहाकार मगर सन्नाटा है 92
ग़मखारों की बात न कर 93
घर की दहलीज़ पार करते हैं 94
कितने-कितने जुर्म किये हैं सत्ता के गलियारों ने 95
घर का शोर-शराबा खुद से कुछ इतना बेजार हुआ 96
धरती से अम्बर की बात 97
रंग भरो या खाली छोड़ो, यह अधिकार तुम्हारा है 98
है कहाँ मुमकिन मगर रख लीजिए 99
रंग हज़ारों देखे हमने पत्थर के 100
धरती भी प्यासी है, अम्बर प्यासा है 101
खुली किताब के पन्नों सा खूबसूरत है 102
जी करता है प्यार करें 103
हवाओं की तरफदारी करेगा 104
दास्तां अपनी जब सुनाता है 105
मुँह से न बोल, आँखों से इज़हार भी तो कर 106
सारी दुनिया की दास्ताँ मुझ में 107
सदियों बाद हमारे मन में जागा है विश्वास नया 108
अँधेरी रात के सारे सुराग रखता हूँ 109
खुली आँखों से देखे यार सपने याद तो होंगे 110
झील-झरने पहाड़ियाँ मुझ में 111
दास्ताँ दिल की किसी को तो सुनानी चाहिए 112

दुखों की आग से सारे सुखन बचा लाये
ज़मीं गयी सो गयी पर गगन बचा लाये।

हिना के हाथ की कोमल छुअन बचा लाये
ज़ेहन में प्यार का दीवानापन बचा लाये।

ख़ुशी से ख़ुद ही निगाहों को रख दिया गिरवी
बड़ी सफ़ाई से सारे सपन बचा लाये।

शहर के जिस्म से कपड़े उतारने वालो
तुम्हें पता न चला हम कफ़न बचा लाये।

गुलों के हाथ से ख़ुशबू निकल गयी कब की
ये खार ही थे जो अपनी चुभन बचा लाये।

नहीं तो धूप ने साये भी फूँक डाले थे
तुम ख़ुशनसीब हो अपना बदन बचा लाये।

बदलते वक़्त ने सारे बुझा दिये शोले
हम अपने शे'रों में कुछ तो अगन बचा लाये।

○

हथेलियों पे ये काला निशान है कब से
हरेक शख़्स यहाँ बेज़ुबान है कब से।

हमारे हाथ में खाली कमान है कब से
अगरचे जीत का वहमो-गुमान है कब से।

नदी क़रीब है, लेकिन इधर नहीं आती
हमारी प्यास का ये इम्तिहान है कब से।

किसी के पाँव के नीचे ज़मीन हो के न हो
सभी के सर पर मगर आसमान है कब से।

मैं झूठ बोल कर सच्चाई का गला घोंटू!
मेरे ख़िलाफ़ तो सारा जहान है कब से।

वो दिल के पास है, बेशक है दूर आँखों से
ये फ़ासला भी मगर दरम्यान है कब से।

कोई तो आ के कभी दर पर दस्तकें देगा
इसी उम्मीद पर दिल का मकान है कब से।

उतारने में कई पुश्तें लग गयीं अपनी
पहाड़ जैसा सरों पर लगान है कब से।

○

धीरे-धीरे घर की अस्मत जब लगान तक जा पहुँची
होरी की हर चीख़ हलक से आसमान तक जा पहुँची।

तुमने जिस जलती तीली को फेंका था वीराने में
आग उसी तीली की देखो हर मकान तक जा पहुँची।

एक अकेला मैं ही बाग़ी निकला उनकी महफ़िल में
उनकी लानत मुझसे चल कर खानदान तक जा पहुँची।

इन्सानी कदरों का क़ातिल ढूँढ़ रहे थे बरसों से
शक की सूई इक दिन आख़िर हुक्मरान तक जा पहुँची।

लोगों को मज़हब का मतलब तब भी समझ नहीं आया
गीता की सारी सच्चाई जब कुरान तक जा पहुँची।

○

हालत पहले से भी ज़्यादा बदतर है
कहने को हर इन्सां एक बराबर है।

लगता है हर रहजन अपना रहबर है
इसीलिए सब के हाथों में खंज़र है।

आँख खोल कर देखो तो हरियाली को
अब भी दुनिया पहले जैसी सुन्दर है।

कोई किसी की सुनने को तैयार नहीं
ऐसे में तो चुप रहना ही बेहतर है।

धरती है कि सिसक रही है सदियों से
लेकिन क्यों ख़ामोश सदा से अम्बर है।

मत उसको सपने दिखलाओ शीशे के
उसकी आँखों में पत्थर ही पत्थर है।

ख़ुशी फैल कर अम्बर सी हो जाती है
दर्द किसी कतरे में सिमटा सागर है।

सिर्फ़ वही इक गाँव बचेगा दंगे में
जिसका हर बाशिन्दा दिल से शायर है।

○

नूरे-इलाही भी होता है आवारा दीवानों में
खालिस सच्चाई होती है इन झूठे अफ़सानों में।

इसीलिए रातों के साये दिन भर पीछा करते हैं
सूरज को भी क़ैद कर लिया लोगों ने तहखानों में।

हुकुम-उदूली करने वालो इस मंज़िल पर डरना क्या
बता मौत से ज़्यादा क्या है हाकिम के फरमानों में।

बरसों पहले कभी हवा ने खुल कर जिसे पुकारा था
नाम उसी का गूँज रहा है अब तक मेरे कानों में।

और सभी तो साथ वक़्त के चलते-चलते छूट गये
मरने का अरमान बचा है जीने के अरमानों में।

चोर-उचक्के बैठ गये हैं तख़्ते-ताऊस पर, लेकिन
सिंहासन का असली वारिस बैठा है दरबानों में।

○

मुझको जगा रहे हैं सपने, हज़ार सपने
आँखों में चुभ रहे हैं क्यों बन के खार सपने।

हालात ने किये हैं यूँ तार-तार सपने
सपनों में ढल गये हैं अब बेशुमार सपने।

कुछ और तो यहाँ पर उगता नहीं यक़ीनन
बंजर ज़मीं में बोये कुछ ख़ुशगवार सपने।

मोती समझ के इन को दामन में अपने भर लो
आँसू की शक्ल में भी गिरते हैं यार सपने।

पहले तो मैं ही उनका था मुंतज़िर हमेशा
मेरा भी कर रहे हैं अब इन्तज़ार सपने।

उस कौम का मुक़द्दर फिर सो गया, समझ लो
करते नहीं हैं जिसको गर बेकरार सपने।

O

सबके सर से गुज़र के रहता है
पानी, पानी से डर के रहता है।

नाम लेता है भूल जाने का
याद करता है, कर के रहता है।

कोई कुछ भी कहे, मगर दिल का
ज़ख़्म इक रोज़ भर के रहता है।

ये ज़मीं है कि देखती ही नहीं
आसमाँ बन-सँवर के रहता है।

कोई कितना भी बादलों में रहे
एक दिन तो उतर के रहता है।

प्यार का हो या चाहे मज़हब का
हर नशा तो उतर के रहता है।

कुछ नहीं टूटता व्यवस्था का
आदमी ही बिखर के रहता है।

○

जहाँ बचपन के दिन बैठे मिलेंगे बदलियाँ बन कर
चलो उस गाँव में चलते हैं सारे कश्तियाँ बन कर।

हमारी आँख ही पहचानने में चूक जाती है
समुन्दर सामने आता है अक्सर सीपियाँ बन कर।

सभी को सिर्फ़ ऊँचे गुम्बदों की शान दिखती है
मिला क्या आपको बुनियाद की गहराइयाँ बन कर।

उन्हीं के दम पे रौशन हैं हमारी सारी दीवारें
अभी कुछ लोग ज़िन्दा हैं घरों की खिड़कियाँ बन कर।

मुझे उन बेमुरव्वत दोस्तों के साथ मत रखना
उजालों में जो रहते हैं मगर तारीकियाँ बन कर।

कभी उससे मिलोगे तो समझ पाओगे ख़ुद को भी
तुम्हारे साथ में चलता है जो परछाइयाँ बन कर।

○

किसी के चीखने पर क्यों कोई बाहर नहीं निकला
तुम्हारे ज़ेहन से आतंकियों का डर नहीं निकला।

यहाँ तक राम को भी दे दिया बनवास लोगों ने
मगर इस शहर से कोई ग़लत रहबर नहीं निकला।

ये सच है हर नदी गिरती है जा कर के समुन्दर में
नदी की कोख से लेकिन कभी सागर नहीं निकला।

नहीं तो उँगलियों से फूटते ख़ुशबू के फ़व्वारे
तुम्हारा हाथ मेरे हाथ को छू कर नहीं निकला।

बुला कर थक गयीं रूहों की सारी रौनकें, लेकिन
कोई भी शख़्स अपने जिस्म से बाहर नहीं निकला।

जिसे हम मान कर मंज़िल वहीं पर बैठ भी जाते
हज़ारों पत्थरों में मील का पत्थर नहीं निकला।

○

अँधेरा ही अँधेरा है जिधर देखें, जहाँ देखें
कोई बतलाये सूरज को किधर जाकर, कहाँ देखें।

अभी तक तो फकत रातों से लड़ते आये हो, लेकिन
चिराग़ों से कहो इस बार मिल कर आँधियाँ देखें।

किसी में तो किसी का नाम लिक्खा मिल ही जायेगा
चलो, गुमनाम शायर की लिखी ये चिट्ठियाँ देखें।

ये कैसी आग है जो बुझ के भी पूरी नहीं बुझती
मकानों से भी ज़्यादा ज़ेहन से उठता धुआँ देखें।

न जाने ज़िन्दगी के कितने सदमे क़ैद हैं इनमें
किसी भी शख़्स के चेहरे पे उभरी झुर्रियाँ देखें।

उन्हीं में से निकल कर आयेंगी उम्मीद की किरणें
शहर की धूप से पैदा हुई तारीकियाँ देखें।

हज़ारों क़हक़हे रोते हुए मिल जायेंगे यूँ ही
ज़रा सा गौर से अपनी कभी तन्हाइयाँ देखें।

○

झूठ-मूठ के नारों को मत छू लेना
बच्चो! नंगी तारों को मत छू लेना।

पूरा जिस्म फफोलों से भर जायेगा
बूढ़ों की दस्तारों को मत छू लेना।

अक्सर हाथ हवन में भी जल जाते हैं
पूजा के अंगारों को मत छू लेना।

जाने कितने राज़ छिपे हैं सीने में
भूले से ग़मखारों को मत छू लेना।

वरना पूरी छत गिर जायेगी सर पर
ग़लती से दीवारों को मत छू लेना।

इतने ख़ून-ख़राबे से ये छपते हैं
उँगली से अख़बारों को मत छू लेना।

○

अब ये कैसी आफत आयी है घर पर
जैसे ख़ून सवार हो गया हर सर पर।

उठो, चलो और जा कर दरवाज़ा खोलो
सूरज कब से बैठा है अपने दर पर।

जबकि मैं साज़िश में शामिल हूँ ही नहीं
मेरा निशां कहाँ से आया खंज़र पर।

मंज़िल से ज़्यादा राहों की क़ीमत है
आओ अपना नाम लिखें हर पत्थर पर।

हमने सब कुछ अपना ख़ुद ही बेच दिया
तोहमत कैसी बेचारे सौदागर पर।

यही बग़ावत फैलाता है दुनिया में
सब के सब इलज़ाम लगा दो शायर पर।

○

मेरे ज़ख़्मों के सिवा कुछ भी न था
पूरी दुनिया में हरा कुछ भी न था।

किसलिए उन की ज़ुबानें काट दीं
शायरों ने तो कहा कुछ भी न था।

सैकड़ों घर जल गये किस बात पर
शहर में उस दिन हुआ कुछ भी न था।

ज़िन्दगी भर तय नहीं कर पाये हम
तेरा मेरा फ़ासला कुछ भी न था।

दिल की हलचल ने हिला डाला यकीं
उम्र का यह जलज़ला कुछ भी न था।

मैं ही ग़ायब हो गया हर सीन से
वरना घर में गुमशुदा कुछ भी न था।

इतनी लम्बी दास्ताँ के वास्ते
ज़िन्दगी का हाशिया कुछ भी न था।

○

जाने मैं कब से खड़ा हूँ ग़म की गहरी धूप में
एक मुद्दत से जला हूँ ग़म की गहरी धूप में।

शाम का सारा धुँधलका खो गया जाने कहाँ
दिन का टूटा आईना हूँ ग़म की गहरी धूप में।

आग में तप कर बहुत से लोग कुन्दन हो गये
इसलिए जलता रहा हूँ ग़म की गहरी धूप में।

आँख से बरसूँ या बरसूँ टूट कर अफलाक से
बादलों का फलसफ़ा हूँ ग़म की गहरी धूप में।

सब के हिस्से का अँधेरा मिल गया शायद मुझे
चन्द लम्हों की सज़ा हूँ ग़म की गहरी धूप में।

O

छाया की कैसी प्रतिछाया देख सही
आईने में अपना चेहरा देख सही।

सबने उगते सूरज को ही पूजा है
ढलते सूरज का भी जलवा देख सही।

अब भी दुनिया पहले जैसी सुन्दर है
शायर की नज़रों से दुनिया देख सही।

सिर्फ़ उसी के दम पर सब कुछ बदलेगा
खुली हुई आँखों से सपना देख सही।

देख, समुन्दर कतरे में लहराता है
सहरा में भी बहता दरिया देख सही।

○

कोई भी शे'र तेरे वास्ते लिक्खा नहीं हमने
भले तुझको खुदा से भी जुदा समझा नहीं हमने।

बुरे से भी बुरे दिन ज़िन्दगी में ख़ूब देखे हैं
मगर उम्मीद का दामन कभी छोड़ा नहीं हमने।

मुझे मालूम था ये दर्द मरने तक रुलायेगा
पलट कर फिर तेरी जानिब कभी देखा नहीं हमने।

दुआ में हाथ गर उट्ठे तो गैरों के लिए उट्ठे
किसी भी शख़्स की ख़ातिर बुरा सोचा नहीं हमने।

अँधेरी कोठरी में उम्र सारी काट दी 'माधव'
किसी दस्तक पे उठ के दिल का दर खोला नहीं हमने।

○

ज़माने से डरेगा या जहाँ को मार जायेगा
कहाँ तक, देखते हैं, आपका यह प्यार जायेगा।

सुनो, इस शहर का रहबर है गूँगा और बहरा भी
तुम्हारा चीखना-चिल्लाना सब बेकार जायेगा।

बहुत घबरा के दरिया ने कहा उस दिन किनारे से
वो इस टूटी हुई कश्ती से कैसे पार जायेगा।

कहो उससे, ज़रा सा झूठ शामिल कर बयानों में
अगर वो सिर्फ़ सच बोला तो बाजी हार जायेगा।

जहाँ बचपन के दिन बैठे मिलेंगे तितलियाँ बनकर
वो अपने आप से मिलने वहाँ हर बार जायेगा।

समझ लो वह शहर भी आग की लपटों में कल होगा
अगर झूठी ख़बर लेकर वहाँ अख़बार जायेगा।

○

समुन्दर धूप का, ढलते ही सूरज सूख जाता है
कहाँ कोई किसी का साथ मरने तक निभाता है।

सभी लोगों के दिल में ज़ख़्म होते हैं पहाड़ों से
मगर कोई किसी भी दूसरे को कब दिखाता है।

उसी की आँख के आँसू ही शबनम बन के गिरते हैं
अमूमन रात भर चन्दा जिसे ग़ज़लें सुनाता है।

कोई तो है जो मेरे ज़ेहन में भरता है अंगारे
कोई है जो मुझे मजबूर कर के सब लिखाता है।

उसे कब नींद आती है शहर के नर्म बिस्तर पर
जिसे भी गाँव का बरगद ख़यालों में बुलाता है।

○

हथेली को भी नाखूनों से इतना दूर करते हैं
बुरे इन्सान ही इन्सान को मजबूर करते हैं।

मैं उन गुज़रे हुए लम्हों की शिद्दत क्या बताऊँ, जो
किसी भी ज़ख़्म को रिसता हुआ नासूर करते हैं।

कि जिन के नाम से ही काँप उठते हैं जहाँ वाले
वही कुछ हादसे गुमनाम को मशहूर करते हैं।

उन्हीं लोगों का चेहरा घूमता रहता है आँखों में
भुलाने की ज़िन्हें हम कोशिशें भरपूर करते हैं।

सभी को खामियाँ दिखती हैं तो दिखती हैं औरों की
हम अपनी ग़लतियों को कब, कहाँ मंज़ूर करते हैं।

○

जंग अभी तक जारी है
लम्हा-लम्हा भारी है।

आज मुसाफ़िर चला गया
कल हम सब की बारी है।

धरती की रक्षा करना
सबकी ज़िम्मेदारी है।

कितने सूरज बीत गये
रात अभी अँधियारी है।

अगली पीढ़ी के हाथों
पिछली पीढ़ी हारी है।

आवाज़ों का पीछा कर
सन्नाटा दरबारी है।

मरने के मौसम में भी
जीने की तैयारी है।

झूठ और सच में फ़र्क़ नहीं
लेकिन बेड़ा गर्क नहीं।

सच्चाई को झुठला दे
ऐसा कोई तर्क नहीं।

धरती पर ही सब कुछ है
ऊपर स्वर्ग या नर्क नहीं।

मैं भी ऐसा बादल हूँ
जिसमें शायद बर्क़ नहीं।

पीकर जिसको अमर रहें
जीवन कोई अर्क नहीं।

○

इन्सानों में कब कुछ है
मिट्टी में ही सब कुछ है।

मरने वाले से पूछो
बतलायेगा 'रब' कुछ है।

तू गर मेरे साथ चले
दुनियादारी तब कुछ है।

ज़हन में कुछ का कुछ होगा
लेकिन ज़ेरे-लब कुछ है।

तुमने ग़लत बताया था
सही इश्क़ का ढब कुछ है।

○

बहुत मुश्किल से मिलती है मोहलत मुस्कुराने की
चलो अब खोल कर रख दो कलई सारे ज़माने की।

हमीं को रास आने लग गयीं राहें अँधेरों की
हवाओं में कहाँ हिम्मत है अब दीये बुझाने की।

अगर मुमकिन हो तो उनसे ज़रा बचकर गुज़र जाना
कई लोगों को आदत है यहाँ रोने-रुलाने की।

नकाब ओढ़े हुए लोगों की इस अन्धी नुमाइश में
ज़रूरत ही नहीं सच्चाई को चेहरा छिपाने की।

अभी तो राह के काँटों को पलकों से हटाने दो
हमें फ़ुरसत कहाँ है दास्ताने-दिल सुनाने की।

○

निशाँ नफ़रत के धरती की हथेली से मिटाने दो
अँधेरी रात में दीपक मुहब्बत के जलाने दो।

यही छोटी सी चिंगारी जला देगी शहर भर को
समय रहते इसे उम्मीद के जल से बुझाने दो।

सफ़र की दास्ताँ तो पाँव के छाले सुना देंगे
मुझे बनवास से तो अपने घर में लौट आने दो।

नयी तरतीब से तामीर कर पाओगे तुम इस को
रिवायत के इसी खँडहर को पहले टूट जाने दो।

○

डूब कर फिर उभर भी जाते हैं
लोग हद से गुज़र भी जाते हैं।

बेवजह क्यों उदास बैठे हो
ज़ख़्म यादों के भर भी जाते हैं।

आप तो खैर पहुँचे मंज़िल तक
कुछ तो रस्ते में मर भी जाते हैं।

मेरी ग़ज़लों को ध्यान से सुनिये
लफ़्ज़ दिल में उतर भी जाते हैं।

प्यार करते हैं ख़ुद की सूरत से
देखकर अक़्स डर भी जाते हैं।

○

हमने सीखा यही सियासत से
काम चलता नहीं शराफ़त से।

लोग मिलते हैं बस ज़रूरत से
हम ही वाक़िफ़ नहीं हक़ीक़त से।

उतनी शिद्दत से प्यार टूट गया
तुम को चाहा था जितनी शिद्दत से।

सारी चीज़ें बहुत ही महँगी हैं
सिर्फ़ इन्सानियत की क़ीमत से।

○

सबके हाथों में खंज़र है क्या तुम को मालूम नहीं
ख़तरे में हम सबका सर है क्या तुम को मालूम नहीं।

पहले तो दिल में खुलते थे कितने सारे दरवाज़े
अब तो खिड़की का भी डर है क्या तुम को मालूम नहीं।

मज़हब का मतलब क्या बदला कुछ वहशत के लोगों ने
आतिश की जद में हर घर है क्या तुम को मालूम नहीं।

रूह बेचारी तड़प रही है अपनी लाज बचाने को
फटी हुई तन की चादर है क्या तुम को मालूम नहीं।

तुम क्यों किसी आँख में आँसू ढूँढ़ रहे हो बरसों से
हर इन्सां का दिल पत्थर है क्या तुम को मालूम नहीं।

क्या जाने अब कहाँ काफ़िला जाकर डेरा डालेगा
रहजन जैसा हर रहबर है क्या तुम को मालूम नहीं।

○

खिड़की, रोशनदान, मुँडेरें, ग़म के मारे दरवाज़े
जीती हुई बाजियाँ अक्सर ख़ुद ही हारे दरवाज़े।

ख़ुशियों का हरकारा जाने कब आकर दस्तक देगा
लगा टकटकी राह देखते हैं बेचारे दरवाज़े।

घर के अन्दर की बदहाली छिपा-छिपा कर रखते हैं
दिखने में कितने सुन्दर हैं प्यारे-प्यारे दरवाज़े।

मैं उन दरवाज़ों पर जाकर अब भी अलख जगाता हूँ
बरसों पहले बन्द हो गये थे जो सारे दरवाज़े।

बन्द गली के बन्द मकाँ तक धूप कभी तो आयेगी
उम्मीदों ने खोल दिये हैं दिल के सारे दरवाज़े।

○

इस सूखे मरुथल में आख़िर कोई कभी तो आयेगी
पानी की सौगातें लेकर नदी कभी तो आयेगी।

अब तक की तो सारी सदियाँ लायी हैं बस बदहाली
अमन-चैन-ख़ुशहाली वाली सदी कभी तो आयेगी।

हम उस दिन के इन्तज़ार में बैठे हैं चौराहे पर
हर घर के सूने आँगन में ख़ुशी कभी तो आयेगी।

उम्मीदों की किरणों वाला कभी तो सूरज निकलेगा
दुनिया के इस अन्धकार में कमी कभी तो आयेगी।

जमा हुआ पत्थर सीने का आख़िर इक दिन पिघलेगा
लोगों की पलकों से छनकर नमी कभी तो आयेगी।

○

बेक़ाबू जज़्बात हुए
और बुरे हालात हुए।

क्या जाने कब दिन होगा
सदियाँ बीती रात हुए।

बादल को भी याद नहीं
मरुथल में बरसात हुए।

एक ज़माना बीत गया
ख़ुद से ख़ुद की बात हुए।

बहरों की इस बस्ती में
गूँगे सब नग़मात हुए।

○

सावधानी इतनी थी कि सावधानी में हुआ
आग का विस्फोट कैसे साफ़ पानी में हुआ।

गाँव के लोगों की इज़्ज़त बच गयी चौपाल से
हादसा जो भी हुआ वह राजधानी में हुआ।

द्रौपदी का चीर हो या जानकी का अपहरण
है गवाह तारीख उनकी हुक्मरानी में हुआ।

ज़िन्दगी के आख़िरी लम्हों में अब डरता है क्यों
जान का जोख़िम हमेशा से जवानी में हुआ।

असलियत में तो किसी भी दुष्ट का बिग़ड़ा है क्या
क़त्ल रावण का हुआ तो बस कहानी में हुआ।

○

ज़ेहन वीरान है खँडहर सरीखा
कटा है कोई मेरे सर सरीखा।

किसी की आँख में सपने नहीं हैं
हर इक इन्सान है पत्थर सरीखा।

बहुत नज़दीक होकर दूर भी है
तुम्हारा प्यार है अम्बर सरीखा।

सिवा सच्चाई के जो कुछ न बोले
नहीं कोई यहाँ शायर सरीखा।

वहाँ इन्साफ़ की उम्मीद कैसी
जहाँ रहजन भी हो रहबर सरीखा।

मैं कैसे शहर में रहने लगा हूँ
कोई भी घर नहीं है घर सरीखा।

इसे छूते ही उँगली कट गयी है
ये कैसा फूल है खंज़र सरीखा।

मैं किसके सामने अब सर झुकाऊँ
नहीं दर कोई तेरे दर सरीखा।

○

सज़ा-ए-मौत जैसी कट गयी है
सभी कहते हैं अपनी कट गयी है।

कभी तो सिर्फ़ तारे गिनते-गिनते
उनींदी रात सारी कट गयी है।

सभी कुछ एक था दीवारो-दर में
मगर अब घर से खिड़की कट गयी है।

उसे होरी से मतलब है ना मकसद
असल भारत से दिल्ली कट गयी है।

ये कैसा फूल है खंज़र सरीखा
इसे छूते ही उँगली कट गयी है।

मैं इतनी दूर हूँ तुमसे बिछड़ कर
फलक से जैसे धरती कट गयी है।

मिला न चैन इक पल का अभी तक
हमारी उम्र सारी कट गयी है।

○

बात निकली तो नयी बात समझ में आयी
कितनी मुश्किल से तेरी ज़ात समझ में आयी।

जिस्म बारिश में रहा फिर भी न बदला कुछ भी
रूह भीगी तो यह बरसात समझ में आयी।

हाथ लगते ही मेरा टूट गया ख़्वाब-नगर
तब कहीं गर्दिशे-हालात समझ में आयी।

जीतने वाला कहाँ जान सका सच्चाई
हारने वाले को ही मात समझ में आयी।

दिन निकलते ही चराग़ों की तरह बुझ भी गये
जुगनुओं को तो फकत रात समझ में आयी।

दुश्मनों से तो चलो बच के निकल भी आये
दोस्तों की न हमें घात समझ में आयी।

कौन किसका है तलबगार समझ में आया
वक़्त गुज़रा तो हमें यार समझ में आया।

बेज़ुबां दर्द का इज़हार समझ में आया
कितनी मुश्किल से तेरा प्यार समझ में आया।

जीते जी उसको ना चाहा ना सराहा तुमने
बाद मरने के कलमकार समझ में आया।

हाथ शबनम से जले तब कहीं मालूम पड़ा
फूल भी होते हैं अंगार समझ में आया।

झूठ को सच में बदलने की अदा पहचानी
कौन कितना है समझदार समझ में आया।

खुद को अफ़साने का किरदार समझ लेते हैं
हर मुख़ालिफ को तरफ़दार समझं लेते हैं।

लोग शबनम को भी अंगार समझ लेते हैं
हाथ हिलता है तो हथियार समझ लेते हैं।

जीतने वाला अगर चुप है शरीफों की तरह
दोस्त इस बात को भी हार समझ लेते हैं।

वक़्ते-आख़िर वही देता है सहारा हम को
नौजवानी में जिसे प्यार समझ लेते हैं।

वक़्त के साथ ये बदलाव चलो आ ही गया
बच्चे माँ-बाप को दीवार समझ लेते हैं।

इस से क्या सादा-दिली होगी किसी में यारो
हम तो अहमक को समझदार समझ लेते हैं।

○

न जाने नाम किस का था ख़बर में
मैं समझा मर गये हम भी गदर में।

सुपुर्दे-खाक मत करना किसी को
अभी तक ख़्वाब हैं इनकी नज़र में।

लहू से तरबतर चेहरे हैं सब के
है आदमखोर कोई हर नगर में।

वो मर कर फिर से ज़िन्दा हो गयी है
मिला था श्याम मीरा के ज़हर में।

मैं बच कर जाऊँ तो जाऊँ कहाँ पर
मेरा हमज़ाद है मेरे ही घर में।

उसे बतलाना भी मुमकिन कहाँ है
बहुत कुछ रह गया दिल के सफ़र में।

○

मेरी आँखों में है चेहरा किसी का
मैं देखूँ भी तो क्या सपना किसी का।

अजब माहौल देखा था शहर में
किसी की प्यास थी, दरिया किसी का।

कहा दिल ने, वही करता रहा हूँ
नहीं माना कभी कहना किसी का।

बहुत दिन हो गये गाँवों से निकले
अभी तक याद है हँसना किसी का।

मैं सर रख कर जहाँ कुछ देर रो लूँ
नहीं मिलता मुझे कन्धा किसी का।

○

हस्बे-मामूल वही है दुनिया
आप कहते हैं नयी है दुनिया।

कितनी मुश्किल से बनी है दुनिया
बन्द मुट्ठी सी खुली है दुनिया।

ख़ुद तमाशा है तमाशाई भी
देख, ख़ामोश खड़ी है दुनिया।

कोई तसदीक करेगा कैसे
है ग़लत या कि सही है दुनिया।

दुनिया वालों की मुसीबत देखो
रेत होकर भी नदी है दुनिया।

○

असल क़िस्सा, कहानी हो गया है
हमारा ख़ून पानी हो गया है।

उजाले का नहीं वारिस कोई भी
अँधेरा खानदानी हो गया है।

बुलन्दी पर पहुँच कर टूट जाना
मुहब्बत की निशानी हो गया है।

उसे दरिया ने ऐसा क्या छुआ कि
समुन्दर पानी-पानी हो गया है।

ज़ेहन वीरान है खँडहर सरीखा
मगर चेहरा नूरानी हो गया है।

फलक की ओर क्या देखा सहर ने
दुपट्टा आसमानी हो गया है।

नज़र में फूल खिलते ही, नज़ारों
नज़रिया रात-रानी हो गया है।

वो मर कर भी नहीं मरता कभी भी
अगर रिश्ता रुहानी हो गया है।

○

हालत से हालात छिपा कर रखता है
दुनिया से जज़्बात छिपा कर रखता है।

दिल में दिल की बात छिपा कर रखता है
आँखों में बरसात छिपा कर रखता है।

क्या जाने कब किस का दुश्मन मिल जाये
हर कोई अब जात छिपा कर रखता है।

ऐसा खास ख़ज़ाना क्या है ख़ुशियों का
बचपन के लम्हात छिपा कर रखता है।

सूरज भी शातिर है अव्वल दरजे का
दिन में काली रात छिपा कर रखता है।

गैरों के सब ज़ख़्म दिखाने वाला भी
अपनों के प्रतिघात छिपा कर रखता है।

○

ज़िन्दगी जीने का कुछ ऐसा हुनर है मुझ में
कोई मंज़िल भी नहीं फिर भी सफ़र है मुझ में।

रोज़ साहिल का बदन छू के चली आती है
एक ख़ामोश समन्दर की लहर है मुझ में।

अब कोई और ज़हर मुझ पे चढ़ेगा कैसे
वही सुकरात के हिस्से का ज़हर है मुझ में।

जब भी हिलता है तो उम्मीद के फल गिरते हैं
ऐसा छतनार उजालों का शजर है मुझ में।

मेरे अशआर के तलुवों से टपकता है लहू
बन्दिशें लाख सही फिर भी सफ़र है मुझ में।

ख़ुश बहुत हैं वो अँधेरों में गिरा कर मुझ को
उनको मालूम नहीं शम्स-ओ-कमर है मुझ में।

जिस की गलियों में खिले फूल महकते हैं सदा
गुलमुहर जैसे ख़यालों का नगर है मुझ में।

अपने वालिद की तरह मैं भी नहीं झुक सकता
लोग कहते हैं उसी ख़ूँ का असर है मुझ में।

○

कर्ज़ उगाही करने वाला घर-आँगन के द्वार खड़ा है
गाँवों का हर इक बाशिन्दा मरने को तैयार खड़ा है।

कल तक जिसने तूफ़ानों का रुख मोड़ा था मस्ती में
आज वही फौलादी जज़्बा गलियों में बेज़ार खड़ा है।

कोई उसकी फटी बिवाई छू कर देखे पलकों से
नंगे पाँव खुली सड़कों पर धरती का हकदार खड़ा है।

सच कहने की हिम्मत क्या की हमने दुनिया वालों से
देखो, पत्थर लिए हाथ में पत्थर-दिल संसार खड़ा है।

इन्सानी कदरों की क़ीमत इतनी कम हो जायेगी
जहाँ देखिये वहीं शहर में आवारा बाज़ार खड़ा है।

○

कोई शबनम नहीं टिकती किसी अंगार के आगे
सिवाय मौत के होगा भी क्या बीमार के आगे।

नहीं तो कौन सच्चाई से सच को छोड़ सकता है
कई मजबूरियाँ होती हैं हर अख़बार के आगे।

कोई हिम्मत नहीं करता कभी इस पार भी झाँके
खुले मैदान होते हैं हरेक दीवार के आगे।

कलम होने को हो सकता है बेशक एक ही पल में
मेरा सर झुक नहीं सकता कभी दरबार के आगे।

तुम्हें लफ़्ज़ों की ताकत का कोई अन्दाज़ है भी क्या
कलम का सर नहीं झुकता किसी तलवार के आगे।

मेरे अपने नज़रिये से अगर देखो तो जानोगे
तुम्हारी जीत बेमानी है अपनी हार के आगे।

○

सभी की आँख में आँसू तो हैं सपने नदारद हैं
तुम्हारे शहर के लोगों के क्यों चेहरे नदारद हैं।

सफ़र में धूप इतनी है कि जलते हैं बदन सबके
मगर हैरान हूँ जिस्मों के क्यों साये नदारद हैं।

अधूरी ख़्वाहिशें, बेचैनियाँ, बीमार उम्मीदें
दिलों में क्या नहीं बस ख़ून के कतरे नदारद हैं।

कहाँ जा कर उतारें कश्तियाँ अपने ख़यालों की
ज़मी पर रेत ही बस रेत है, झरने नदारद हैं।

मुसाफ़िर के लिए साया, न पंछी के लिए पानी
ये कैसे पेड़ हैं जिनके सभी पत्ते नदारद हैं।

ख़ुदा जाने कहाँ जाकर रुकेगा कारवाँ दिल का
यहाँ तो मंज़िलों की राह के रस्ते नदारद हैं।

○

पिछले सारे ज़ख़्म भुला कर बैठे हैं
यादों के सब दीप बुझा कर बैठे हैं।

अपनी बरबादी के आप तमाशाई
अपने घर में आग लगा कर बैठे हैं।

जिन से उम्मीदें थी लोहा लेने की
दरबारों में शीश झुका कर बैठे हैं।

कभी वक़्त ने मोहलत दी तो बोलेंगे
जाने कितने राज़ छिपा कर बैठे हैं।

कुछ ऐसे भी लोग मिले हैं दुनिया में
जो दुनिया के नक्श मिटा कर बैठे हैं।

हम भी उन लोगों में शामिल हैं 'माधव'
पानी पर जो नक्श बना कर बैठे हैं।

○

हमें रखती हैं ज़िन्दा इस कदर हर बार उम्मीदें
गिरा देती हैं नफ़रत की हरेक दीवार, उम्मीदें।

किया है खोखला जिस की जड़ों को शक के दीमक ने
कहाँ लगती हैं ऐसे पेड़ पर फलदार उम्मीदें।

मैं साहिल पर सुरक्षित लौट आया हूँ, जहाँ वालो
भँवर में बन गयी थीं ज़ीस्त की पतवार उम्मीदें।

अँधेरा नाउम्मीदी का हमें जब घेर लेता है
उठा लेती हैं हिम्मत का तभी हथियार उम्मीदें।

इन्हें हक़ है अधूरी ज़िन्दगी में रंग भरने का
हमारी ज़िन्दगी की हैं असल हक़दार उम्मीदें।

मैं किस उम्मीद पर इस शहर को अपना कहूँ 'माधव'
यहाँ बिकने लगी हैं अब सरे-बाज़ार उम्मीदें।

○

ज़रा सा हौसला तो रख कभी कुछ कर गुज़रने का
हमें हक़ है अँधेरी ज़िन्दगी में रंग भरने का।

सिवा इसके कि हम ख़ुद ही जिबह कर दें ज़मीर अपना
नहीं तो कोई कारण ही नहीं सपनों के मरने का।

नयी जब कोपलें आती हैं तो हँसता है हर बूटा
कहाँ कब शोर होता है किसी पत्ते के झरने का।

कभी सूखे तो देखेंगे कि पिछले मोड़ पर क्या था
अभी मौसम कहाँ आया है इन ज़ख़्मों के भरने का।

○

तुम्हें सब कुछ नज़र आने लगेगा
मुहब्बत का नशा छाने लगेगा।

किसे मालूम था इन्सान को भी
कभी इन्सान ही खाने लगेगा।

नहीं, मुमकिन नहीं ख़ामोश रहना
यहाँ हर शख़्स चिल्लाने लगेगा।

ज़रा सी देर की तो बात है ही
अँधेरा मंच पर छाने लगेगा।

बहस करने की कोशिश भी न करना
तुम्हें हर शख़्स समझाने लगेगा।

○

अधूरा छोड़ कर शायर भी जिसको भूल जाता है
ज़माना फिर उसी मिसरे को हरदम गुनगुनाता है।

नदी के सामने जब कोई प्यासा गिड़गिड़ाता है
तो पानी प्यार से हर प्यास को अपनी बनाता है।

समुन्दर साहिलों के पाँव छू कर लौट जाता है
मुहब्बत देख कर ऐसी ख़ुदा भी मुस्कुराता है।

मैं उस इन्सान की आँखों में सूरज देख लेता हूँ
जो हर हालात में सब के लिए सपने सजाता है।

चलो उस शख़्स की ख़ातिर दुआ करते हैं सब मिल कर
जो ऐसे दौर में सच बोल कर जोख़िम उठाता है।

हमेशा हाकिमों को शक तो होता है रियाया पर
असल में तख़्त तो अपने वज़न से टूट जाता है।

○

मेरे मन में भी दुविधा है कुछ-ना-कुछ
अपने बारे में सोचा है कुछ-ना-कुछ।

दिल के अन्दर का मसला है कुछ-ना-कुछ
सन्नाटा कहता रहता है कुछ-ना-कुछ।

सही सलामत है बाहर से आईना
अन्दर से लेकिन टूटा है कुछ-ना-कुछ।

देखभाल कर भी अनदेखा करते हैं
बुरा-भला सबने देखा है कुछ-ना-कुछ।

देने वाले ने अब तक तो दिया नहीं
दामन फैला कर माँगा है कुछ-ना-कुछ।

अच्छे दिन तो बंजर थे, बरा बीत गये
बुरे दिनों में ही सीखा है कुछ-ना-कुछ।

○

अपने से अनजान रहा
मैं कितना नादान रहा।

जीना सच में मुश्किल था
मरना ही आसान रहा।

इन्सानों की हरकत देख
हैरत में भगवान रहा।

जिस को श्राप समझता था
सच में वह वरदान रहा।

वह तो अन्दर बैठा था
मैं बाहर हलकान रहा।

खुले ज़ेहन सा दरवाज़ा
दिल भी रोशनदान रहा।

गीता और कुरान-शरीफ
ग़ालिब का दीवान रहा।

जीत सच्चाई की होगी
यह अपना ऐलान रहा।

○

इन्सानों की हरकत देख
करती है क्या कुदरत देख।

ज़ेहनो-दिल की वुसअत देख
अपने अन्दर पर्वत देख।

मरते दम तक चलते हैं
बंजारों की हिम्मत देख।

मैंने पूछा 'कौन है तू'
आईने में सूरत देख।

ऊपर क्या हो सकता है
धरती पर ही जन्नत देख।

दिन-दिन बढ़ता जाता है
दर्द मेरे की बरकत देख।

हरदम तुम को याद किया
दीवाने की ज़ुर्रत देख।

○

जाने कितने राज़ दफ़न हैं हर दिल के तहखाने में
लोगों की दिलचस्पी क्यों है सिर्फ़ मेरे अफ़साने में।

अब मेरी हर बात पे शक की गुंजाइश क्यों रहती है
मुझ से ही कुछ चूक हो गयी सच्चाई बतलाने में।

बिना किसी उकसाहट के यूँ दोस्त अकड़ना ठीक नहीं
पेड़ों की गरिमा बढ़ती है थोड़ा सा झुक जाने में।

इतने सालों में भी मुझसे अब तक पूरी नहीं हुई
सारा जीवन बीत गया है इक तस्वीर बनाने में।

उसके आँसू का मतलब कुछ, मेरी आहों का कुछ और
थोड़ा सा अन्तर होता है रोने और चिल्लाने में।

○

जाओ, जाकर समझा भी दो असली बात ज़माने को
आँखों के आँसू काफ़ी हैं दिल की अगन बुझाने को।

द्रुपद-सुताओ! अपनी इज़्ज़त ख़ुद ही तुम्हें बचानी है
अब कोई कान्हा नहीं आता सब की लाज बचाने को।

बचपन की कुछ यादें ही थीं, जिन्हें वक़्त ने छीन लिया
मेरे पास बचा ही क्या है कहने और सुनाने को।

इन्सानी कुव्वत के आगे झुक जाता है अम्बर भी
आँधी खुद चल कर आती है घर के दीये जलाने को।

○

क्यों अपने को छलता है
सब का सूरज ढलता है।

ख़ुद ही अवसर गँवा दिया
अब हाथों को मलता है।

शोर-शराबा दमघोंटू
सन्नाटा भी खलता है।

तू तो मर्यादा में रह
चलने को सब चलता है।

हम तो केवल दर्शक हैं
जीवन रंग बदलता है।

कोलाहल में दब कर भी
आगे मौन निकलता है।

उससे पूछो गिरना क्या
जिसका पाँव फिसलता है।

ग़म का दीपक ही 'माधव'
आँधी में भी जलता है।

○

प्यास से लड़ती हुई बस ज़िन्दगानी चाहिए
मैंने कब किससे कहा था मुझको पानी चाहिए।

झोंपड़ों में रहने वालो अब तो खुलकर बोलिए
चीख कर कहिए हमें भी राजधानी चाहिए।

सिर्फ़ इतनी बात पर वो शख़्स सूली चढ़ गया
आने वाली पीढ़ियों को भी कहानी चाहिए।

चाहे जितने लोग मर जायें कोई परवाह नहीं
आपको तो सिर्फ़ अपनी हुक्मरानी चाहिए।

धूप में तपते तो तपकर हो गये होते ख़ुदा
आजकल हर शख़्स को शामें सुहानी चाहिए।

इस ज़मीं को तो हमीं ने ख़त्म कर डाला जनाब
इक नयी दुनिया खलाओं में बसानी चाहिए।

मुसाफ़िर हूँ मैं नग़मों के नगर का
मुझे मालूम है रस्ता नज़र का।

कभी क्या अन्त होगा इस सफ़र का
सिरा दिखता नहीं जब रहगुज़र का।

मैं अपने दौर का सुकरात ही हूँ
पिलाते क्यों नहीं प्याला ज़हर का।

मेरे झरते ही आयेंगी बहारें
मैं हूँ सूखा हुआ पत्ता शजर का।

लहर में आये तो तट भी डुबो दे
भरोसा क्या समुन्दर की लहर का।

हरेक इन्सान पत्थर हो रहा है
ख़ुदा! नक्शा बदल दे इस शहर का।

इबादत देख कर कच्चे घड़े की
भँवर में फँस गया ग़ुस्सा भँवर का।

○

घर था, घर में आँगन था
रिश्तों में अपनापन था।

अब तो सब कुछ बदल गया
जीवन में तब जीवन था।

दिल भी दरिया जैसे थे
आँखों में भी सावन था।

इक झटके में टूट गया
रिश्ता भी तो दरपन था।

गये दिनों का ज़िक्र न कर
मन के अन्दर मधुबन था।

मैंने वो दिन देखे हैं
धरती में सोंधापन था।

○

धरती ढूँढ़ी अम्बर भी
मिला नहीं अपना घर भी।

सन्नाटे में डूब गया
मंज़र भी पसमंज़र भी।

रहजन की क्या बात करें
मुजरिम निकले रहबर भी।

मुझ से मिल कर टूट गये
शीशा भी और पत्थर भी।

सच बोला तो ज़ुबाँ कटी
कलम हुआ आखिर सर भी।

ढूँढ़ रहा हूँ अपने को
भूल गया ख़ुद रख कर भी।

दहशत का यह आलम है
झूठ कहेगा डर कर भी।

तितली जैसा जीवन था
देख न पाये छूकर भी।

घर से बाहर मिलता हूँ
घर के अन्दर रह कर भी।

○

अगर सियासत से डर जाता
गरदन कटती या सर जाता।

अच्छा हुआ जो मिल नहीं पाया
ख़ुद से मिलता तो मर जाता।

तुम आये तो हरा हो गया
वरना ज़ख़्मे-दिल भर जाता।

सब के सब यह सोच रहे थे
मुश्किल काम कोई कर जाता।

बेघर को यह समझ न आया
घर से चलता तो घर जाता।

○

जीवन को आसान बना
मत इतना सामान बना।

प्यार की फ़सलें लहरायें
रिश्तों को खलिहान बना।

भीड़ भी तुझको पहचाने
अलग नयी पहचान बना।

कुछ अँधियारा कम तो कर
दीपक को दिनमान बना।

दरवाज़े गर बन्द सही
दिल में रोशनदान बना।

○

ग़म की बदली छाने दे
थोड़ा तो पछताने दे।

ख़ुद से बाहर आऊँगा
मौसम को खुल जाने दे।

रिश्ते बर्फ़ न हो जायें
जज़्बों को गरमाने दे।

बहरों की इस बस्ती में
जी भर कर चिल्लाने दे।

अक्ल यूँ ही तो आयेगी
दर-दर ठोकर खाने दे।

फिर पूछेंगे झूठों से
सच को बाहर आने दे।

○

सर पे जैसे कि आसमान नहीं
कौन है जो लहूलुहान नहीं।

वक़्त पड़ने पे चीख़ उठते हैं
लोग बहरे हैं, बेज़ुबान नहीं।

धूप को आग में बदलने दे
अपने सर पर भी सायबान नहीं।

ऐसे माहौल में भी ज़िन्दा हूँ
इससे बढ़कर तो इम्तेहान नहीं।

○

धूप की आग में जला जाये
अब तो नंगे बदन चला जाये।

अब हिमालय की गोद में जाकर
द्रौपदी की तरह गला जाये।

जिस्म तक तो पहुँच गयी कब की
रूह तक तो न ये खला जाये।

ये सिला है मेरी वफ़ाओं का
मंज़िलों तक ये आबला जाये।

कौन किस पर यकीन करता है
ख़ुद ही ख़ुद को न यूँ छला जाये।

प्यार करना बड़े सलीके से
दूर तक ग़म का सिलसिला जाये।

○

सपनों को आवाज़ लगाता फिरता है
पानी पर भी नक्श बनाता फिरता है।

जिसकी किस्मत में बस काली रातें हैं
सूरज बन कर अलख जगाता फिरता है।

इक दिन आँख चुराई थी सच्चाई से
अब अपने से आँख चुराता फिरता है।

क्या जाने क्या हुआ आज के इन्साँ को
बस्ती-बस्ती आग लगाता फिरता है।

जिसके लिए कहे थे, उसने सुने नहीं
वही शेर अब हमें सुनाता फिरता है।

○

कोई तो है बड़ी खला मुझमें
गूँजती है हर इक सदा मुझमें।

कच्ची मिट्टी का मैं भी इन्साँ हूँ
देख, मत ढूँढ़ देवता मुझ में।

अब मुझे घर तलाश करता है
खो गया घर का रास्ता मुझमें।

रोज़ अपने से पूछता हूँ मैं
कौन रहता है दूसरा मुझमें।

तूने पत्थर हवा में क्या फेंका
आईना टूट कर गिरा मुझमें।

तू मेरा नाम क्यों नहीं लिखता
अब भी खाली है हाशिया मुझमें।

○

नाम उसका भुला दिया मैंने
सोचता हूँ ये क्या किया मैंने।

इश्क़ करना अगरचे जुर्म सही
ये भी इलज़ाम सर लिया मैंने।

जिसने बदले में बेवफ़ाई की
जान-ओ-दिल उसको दे दिया मैंने।

मुझको सुकरात मत कहो बेशक
ज़हर पीना था पी लिया मैंने।

अब किसी से नहीं गिला कोई
अपने होठों को सी लिया मैंने।

○

जी भर कर चिल्लाता है
अपना दर्द बताता है।

गहराई में जो उतरा
मोती ले कर आता है।

उसके खाली हाथ रहे
जो दामन फैलाता है।

झूठ बोलने से पहले
थोड़ा सा हकलाता है।

घर का मालिक हो कर भी
घर में आग लगाता है।

प्यार ज़मीं से करने को
अम्बर भी झुक जाता है।

○

खाली पड़ी ज़मीन के उनवान सा लगा
मुझको तुम्हारा प्यार भी वीरान सा लगा।

अब मुझ से मेरी आँख के सपने भी छीन ले
मुझको तेरा करम भी तो अहसान सा लगा।

आँखों में फूल जिस्म की ख़ुशबू को देखकर
तू मुझको असल मीर के दीवान सा लगा।

जीना अगर मसीह की सूली सा था मगर
मरना कहाँ से आप को आसान सा लगा।

जिसने अँधेरी रात के छक्के छुड़ा दिये
मिट्टी का वो दिया मुझे दिनमान सा लगा।

○

धरती पर भी अम्बर है
हर कतरे में सागर है।

गहराई से देख ज़रा
शीशा भी तो पत्थर है।

घर का हर बाशिन्दा अब
घर के अन्दर बेघर है।

शक्लो-सूरत पर मत जा
रहजन जैसा रहबर है।

चाहे जितना इसको सींच
तन की धरती बंजर है।

सोच समझकर पाँव पसार
क़द से छोटी चादर है।

○

हाले-दिल सबको सुनाना भी मुहाल
ज़ख़्म सीने के दिखाना भी मुहाल।

इतने दिन के बाद कैसी वापसी
दूर जा कर पास आना भी मुहाल।

आप कहते हैं कि क्यों हँसते नहीं
मुश्किलों में मुस्कुराना भी मुहाल।

जानता हूँ आईने का दर्द मैं
पत्थरों से दिल लगाना भी मुहाल।

है कठिन जलना परायी आग में
और अपने को बचाना भी मुहाल।

○

खुली आँखों से चेहरे देखते हैं
ये पत्थर भी तो सपने देखते हैं।

समुन्दर ढूँढ़ता रहता हूँ तुझमें
कुएँ को सिर्फ़ प्यासे देखते हैं।

हैं आँखें, फिर भी कुछ दिखता नहीं है
यहाँ हाथों से अन्धे देखते हैं।

पड़ोसी का मकाँ दिखता था पहले
अब अपने घर को पहले देखते हैं।

यकीनन मंज़िलें उन को मिली हैं
जो दीवारों में रस्ते देखते हैं।

○

अपने को भरमाना छोड़
दर-दर ठोकर खाना छोड़।

है छोटी सी बात, समझ
दुनिया को समझाना छोड़।

सच बोला, क्या जुर्म किया
अब इतना घबराना छोड़।

खुल कर कह, जो कहना है
बच्चों सा हकलाना छोड़।

अगली पीढ़ी याद करे
पीछे इक अफ़साना छोड़।

सारा कुछ मिल जायेगा
दामन को फैलाना छोड़।

○

मुश्किल राम-कहानी है
लेकिन हमें सुनानी है।

सपने सारे छोड़ गये
बस आँखों में पानी है।

सारी तोहमत उन पर क्यों
अपनी भी नादानी है।

प्यार, मुहब्बत, सच्चाई
सहरा में ज्यों पानी है।

घर से बाहर आ कर देख
धूप बड़ी मस्तानी है।

O

जीवन का मकसद अब तो, समझा दे मौला
मुझको मेरी मंज़िल तक पहुँचा दे मौला।

घोर अँधेरे में कितने दिन भटकूँगा
किरण रोशनी की कोई दिखला दे मौला।

आगे कुआँ है तो पीछे खाइयाँ भी
असमंजस से अब निजात दिलवा दे मौला।

घूम रहा हूँ सदियों से हर गर्दिश में
किसी रोज़ मुझसे मुझको मिलवा दे मौला।

जिन सतरों पर मैं भी खुल कर नाज़ करूँ
मेरे हाथों कुछ अच्छा लिखवा दे मौला।

कड़ी धूप में बदन झुलस कर राख हुआ
अपनी रहमत की चादर फैला दे मौला।

○

मेरी भी मजबूरी देख
दिल से दिल की दूरी देख।

जिस्म अधूरे हैं तो क्या
रूह की हसरत पूरी देख।

अँधियारे का ख़ौफ़ न खा
सुबह सदा सिन्दूरी देख।

अख़बारों में मिलता है
शायर की मशहूरी देख।

ख़ुद को ख़ुदा समझता है
इन्साँ की मगरूरी देख।

○

घूम रहे हैं मारे-मारे रस्ते में
मिले कई गुमनाम सितारे रस्ते में।

हमको तो बस कड़ी धूप ही ठीक लगी
वरना थे मदमस्त नज़ारे रस्ते में।

वहाँ उम्मीदों का पानी कब मिलता है
पी लेते हैं सागर खारे रस्ते में।

मंज़िल पर जा कर मैं क्या दिखलाऊँगा
ग़ायब हो गये सपने सारे रस्ते में।

तुम्ही बताओ पैर कहाँ पर रक्खें हम
बिछा दिये सबने अंगारे रस्ते में।

O

बस अपने से हारा हूँ
मैं भी ग़म का मारा हूँ।

दबा हुआ हूँ मलबे में
यूँ तो एक सितारा हूँ।

मुझमें दरिया बहता है
खुश्क नदी की धारा हूँ।

भटक रहा हूँ सदियों से
बेघर हूँ, बंजारा हूँ।

होठों से मत छू लेना
मैं ज़हरीला पारा हूँ।

दीवारों पर लिखा हुआ
एक सियासी नारा हूँ।

मीठा भी हूँ मन जैसा
आँसू जैसा खारा हूँ।

जो जी आये, गढ़ लेना
गीली मिट्टी, गारा हूँ।

○

नये पुराने सारे क़िस्से अपने हैं
भूले बिसरे सबके चेहरे अपने हैं।

नींद नहीं आती तो कोई बात नहीं
बरसों पहले देखे सपने अपने हैं।

मंज़िल मिलने पर मायूसी होती है
टेढ़े-मेढ़े अन्धे रस्ते अपने हैं।

फटी बिवाई जैसी आँखें अपनी हैं
रिसते ज़ख़्मों जैसे रिश्ते अपने हैं।

कटे हुए हाथों को सबने देखा था
अनदेखे सब ऊँचे कन्धे अपने हैं।

जहाँ हमारा बचपन छिप कर बैठा है
गली गाँव के सब गलियारे अपने हैं।

बेशक भूल भी जाओ सारी खलकत को
उम्मीदों के खुले दरीचे अपने हैं।

○

करता हूँ मैं बात सभी की
दुनिया होती नहीं किसी की।

इतना शोर उठा पानी का
भूल गये आवाज़ नदी की।

फिर क्यों दुनिया हँसी ज़ोर से
बात नहीं थी अगर ख़ुशी की।

क्या जाने कब बाहर आये
सच्चाई बदनाम सदी की।

रुक जाती है दिल की धड़कन
सूइयाँ रुकती नहीं घड़ी की।

○

ग़म का सूरज जहाँ निकलने लगता है
पत्थर-दिल इन्सान पिघलने लगता है।

अगर ज़ेहन में ख़ौफ़ न हो तूफ़ानों का
बुझा हुआ दीपक भी जलने लगता है।

सभी चीख़ उठते हैं घर के दरवाज़े
जब सन्नाटा घर को खलने लगता है।

चाँद जिबह जिस दिन करती है तन्हाई
दोपहरी में सूरज ढलने लगता है।

उसके दाखिल होते ही, इस कमरे की
दीवारों का रंग बदलने लगता है।

कुरसी पर मैं इत्मिनान से बैठा हूँ
मेरे अन्दर कौन टहलने लगता है।

दुखती रग को छू देना ही काफ़ी है
बच्चे जैसा दर्द मचलने लगता है।

○

बन्द पलकों की हर सीपियाँ अब हमें
चूमती ही नहीं उँगलियाँ अब हमें।

घर है घर में मगर आईना ही नहीं
कौन बतलाएगा ख़ामियाँ अब हमें।

अब रिहाई की दिल में तलब ही कहाँ
रास आने लगीं बेड़ियाँ अब हमें।

पहले दूरी को हमने बहुत तय किया
रोज़ करती हैं तय दूरियाँ अब हमें।

उन से कह दीजिए आसमाँ दूर है
जो समझते हैं बस सीढ़ियाँ अब हमें।

O

इतना हाहाकार मगर सन्नाटा है
चीख़ रहा संसार मगर सन्नाटा है।

अस्मत पहले लुटी, अस्मिता आज बिकी
हर घर में बाज़ार मगर सन्नाटा है।

ज़ोर-ज़ोर से चीख़ रही हैं तहरीरें
बेदम हर अख़बार मगर सन्नाटा है।

फूलों के भी हाथ काट कर फेंक दिये
है जालिम तलवार मगर सन्नाटा है।

तूफ़ानों में कश्ती है और हाथों में
पानी की पतवार मगर सन्नाटा है।

घर की चारदीवारी आँगन निगल गयी
सहमे पहरेदार मगर सन्नाटा है।

○

ग़मखारों की बात न कर
गद्दारों की बात न कर।

आँगन की मायूसी देख
दीवारों की बात न कर।

सारा घर जल जायेगा
अंगारों की बात न कर।

यायावर तो हूँ लेकिन
बंजारों की बात न कर।

कलम से भी सर कटता है
तलवारों की बात न कर।

घर बैठे नीलाम हुए
बाज़ारों की बात न कर।

सब दरबारी बैठे हैं
खुद्दारों की बात न कर।

घर की दहलीज़ पार करते हैं
और क्या घुड़सवार करते हैं।

ख़ूबसूरत है आज भी दुनिया
आज भी लोग प्यार करते हैं।

एक गलती है सच को सच कहना
और हम बार-बार करते हैं।

जिन के पहलू में चाँद होता है
सुबह का इन्तज़ार करते हैं।

एक हम हैं जो देवताओं में
शायरों को शुमार करते हैं।

शायरी भी मज़ा नहीं देती
छोड़ कुछ और यार करते हैं।

○

कितने-कितने जुर्म किये हैं सत्ता के गलियारों ने
मेरे हिस्से का सूरज भी छीन लिया अँधियारों ने।

सच तो यह है सच की नंगी लाश मिली थी सड़कों पर
मगर खुदकुशी कह कर उस को छाप दिया अख़बारों ने।

बेशक कोई साज़िश कह कर पतझर को बदनाम करे
गुलशन को नीलाम कर दिया गुलशन के हक़दारों ने।

क्या जाने क्या खोज रहे हैं इस बेमानी दुनिया में
सूरज को भी थका दिया चल-चल कर बंजारों ने।

खिड़की-दरवाज़ों पर पहरे लाख बिठाये मौसम ने
घर की सारी बातें कह दीं दुनिया से दीवारों ने।

○

घर का शोर-शराबा ख़ुद से कुछ इतना बेज़ार हुआ
धीरे-धीरे सन्नाटा भी मरने को तैयार हुआ।

कब तक पत्थर रख कर जीता यूँ भी अपने सीने पर
शबनम का हर कतरा इक दिन लाल-सुर्ख अंगार हुआ।

जिसने गुलशन के कोनों में छिप कर आग लगाई थी
आज वही सारे फूलों की ख़ुशबू का हक़दार हुआ।

बाज़ारू माहौल घरों के अन्दर जब से आया है
दिल का हर प्यारा सा रिश्ता सचमुच काँटेदार हुआ।

तुमने ख़ैर-ख़बर पूछी है, चलो बता ही देता हूँ
जीने की तो बात ही क्या है मरना भी दुश्वार हुआ।

○

धरती से अम्बर की बात
मुश्किल है अब घर की बात।

भय भी ताक़त देता है
डर कर मत कर डर की बात।

करनी है तो कर के देख
शीशे से पत्थर की बात।

कहाँ छिपी रह सकती है
दीवारों से दर की बात।

झुक जाता है सर अपना
जब आती है सर की बात।

घर से बाहर क्यों जाये
घर में रख ले घर की बात।

मछली जल में प्यासी है
मत पूछो सागर की बात।

○

रंग भरो या खाली छोड़ो, यह अधिकार तुम्हारा है
तुम ने इस की रचना की है, यह संसार तुम्हारा है।

चुपके-चुपके सेंध लगा कर ख़ुद ही चोरी करते हो
क्या तुम को मालूम नहीं है, यह घर-बार तुम्हारा है।

अपनी नासमझी का कारण, जाने किस दिन समझोगे
ये बस्ती भी नहीं परायी और अंगार तुम्हारा है।

विद्रोही को सिवा मौत के और भला क्या देंगे आप
मैं भी खाली हाथ खड़ा हूँ और दरबार तुम्हारा है।

सच तो यह है कलम तुम्हारी सच लिखना भी भूल गयी
अब जो जी में आये छापो हर अख़बार तुम्हारा है।

○

है कहाँ मुमकिन मगर रख लीजिए
आग पर पानी का घर रख लीजिए।

इस अँधेरे में कोई जुगनू तो हो
मेरे हिस्से की सहर रख लीजिए।

अब ज़मीं पर तो जगह मिलती नहीं
ज़ेहन में तितली के पर रख लीजिए।

क्या पता किस हाल में हो ज़िन्दगी
मौत के सारे भँवर रख लीजिए।

घूमती रहती हैं परियाँ रात भर
खोल कर सपनों के दर रख लीजिए।

मैं झुका हूँ ना झुकूँगा फिर कभी
काट कर मेरा भी सर रख लीजिए।

○

रंग हज़ारों देखे हमने पत्थर के
पत्थर की आँखों में सपने पत्थर के।

कैसे हाथ बढ़ा कर तुम से मिलते हम
हम तो शीशे जैसे तुम थे पत्थर के।

इन्सानी चेहरों पर जंगल झुर्रियों का
लेकिन यूँ के यूँ हैं चेहरे पत्थर के।

पत्थर-दिल इन्सानों की क्या बात करें
फूलों ने भी पहने कपड़े पत्थर के।

संगतराशों के हिस्से में आये हैं
आँसू, आहें, ज़ख़्म, सिसकते पत्थर के।

○

धरती भी प्यासी है, अम्बर प्यासा है
सदियों से सहरा का सागर प्यासा है।

बदकिस्मत लोगों की किस्मत क्या बदलें
पानी में रहकर भी पत्थर प्यासा है।

धरती की तो प्यास बुझा दी आँसू ने
मगर ख़ून पी कर भी खंज़र प्यासा है।

बस इक रोज़ तुम्हें देखा था आँखों ने
उस दिन से आँखों का मंज़र प्यासा है।

इक मुद्दत से लहू पी रहा आदम का
हैरां हूँ के अब तक रहबर प्यासा है।

घाट-घाट का पानी पी कर भी 'माधव'
ऐसा क्या है जो हर शायर प्यासा है।

○

खुली किताब के पन्नों सा ख़ूबसूरत है
ये शहर आज भी इन्सानियत की मूरत है।

अँधेरे दौर में सच को तलाशने वालो
उजाला वक़्त की सब से बड़ी ज़रूरत है।

यकीं करे न करे कोई मेरी बातों पर
हमारा प्यार कहानी नहीं हक़ीक़त है।

लिखे हुए हैं हरेक मोड़ पर कई सदमे
किसी ग़रीब की किस्मत भी कैसी किस्मत है।

बचा रहा हूँ चिराग़ों को तेज़ आँधी से
ख़ुदा का शुक्र है हाथों में अब भी हिम्मत है।

इसी के चलते कई दोस्त हो गये दुश्मन
ज़रा सी बात है, सच बोलने की आदत है।

○

जी करता है प्यार करें
लेकिन कितनी बार करें।

छोटी-छोटी बातों पर
क्यों जीवन बेकार करें।

खुली आँख तो अन्धी है
क्या अपना दीदार करें।

इश्क़, मुहब्बत ग़लती है
यह ग़लती हर बार करें।

जो कहना है, मुँह पर कह
पीछे से क्यों वार करें।

○

हवाओं की तरफ़दारी करेगा
चिराग़ों से भी गद्दारी करेगा।

गये दिन लौट कर आयें न आयें
गुज़िश्ता दौर से यारी करेगा।

नहीं कोई पता जिनका जहाँ में
उन्हीं के नाम ख़त जारी करेगा।

सही, सच बोल कर फँस जायेगा वो
सियासत में अदाकारी करेगा।

अभी तक पैर ही चलते रहे हैं
वो कब चलने की तैयारी करेगा।

○

दास्ताँ अपनी जब सुनाता है
दूसरों को भी रोना आता है।

आदमी तो उसी को कहते हैं
जो मुसीबत में मुस्कुराता है।

देखना ये है, इस अँधेरे में
कौन कितने दीये जलाता है।

रात भर ख़्वाब देखने वाला
सुबह होते ही भूल जाता है।

दिल से मासूम है बहुत वो भी
बस मेरा हौसला बढ़ाता है।

धूप में झील का हरा पानी
आईना बन के झिलमिलाता है।

सिर्फ़ इतना सा है शगल उसका
शेर ग़ालिब के गुनगुनाता है।

○

मुँह से न बोल, आँखों से इज़हार भी तो कर
दिल में है प्यार, प्यार का इकरार भी तो कर।

फूलों के हाथ में न दें, काँटों की उलझनें
नफ़रत की छेड़-छाड़ से इनकार भी तो कर।

पिछली रुतों ने तोड़ दिये ख़्वाब सब के सब
आँखों में नये ख़्वाब अब तैयार भी तो कर।

जादू है उँगलियों में, उसे सामने तो ला
शबनम को छू कर हाथ से अंगार भी तो कर।

मत सोच, तेज़ रौ में है पानी चनाब का
दरिया भँवर के बीच से अब पार भी तो कर।

○

सारी दुनिया की दास्ताँ मुझ में
वक़्त के सैकड़ों निशाँ मुझ में।

मेरे अन्दर ज़मीं धड़कती है
साँस लेता है आसमाँ मुझ में।

वक़्त-बेवक़्त चीख़ उठता हूँ
कौन रहता है बेजुबाँ मुझ में।

बन्द तालों की दास्ताँ हूँ मैं
खो गयीं मुझ से चाबियाँ मुझ में।

ढूँढ़ता फिर रहा हूँ सदियों से
अपनी हस्ती का आशियाँ मुझ में।

○

सदियों बाद हमारे मन में जागा है विश्वास नया
वक़्त मिला तो हम भी यारो लिख देंगे इतिहास नया।

मुरझाये फूलों की क़ीमत खिले फूल से क्यूँ आँकें
पतझर के मौसम को हमने समझा है मधुमास नया।

चलो सृजन की धूप छाँव से, रंग भरें आवाज़ों में
धरती बिल्कुल नयी-नयी है, है निर्मल आकाश नया।

बेहतर है हर एक मुसाफ़िर चले अँधेरी राहों पर
कहीं पुरानी पगडंडी पर उग आये ना घास नया।

पिछली पूरी रात अँधेरों से लड़ने में बीत गयी
बुझे चिराग़ों को छूने से होता है अहसास नया।

○

अँधेरी रात के सारे सुराग रखता हूँ
मैं आफ़ताब सा रौशन दिमाग़ रखता हूँ।

हमारे नाम से डरता है शहर का हाकिम
मैं दिल में दर्द तो सपनों में आग रखता हूँ।

ग़मों के बीच से बोझिल हुई निगाहों में
उदासियों के लिए सब्ज़बाग़ रखता हूँ।

तुम्हें तो ख़ौफ़ रहा आस्तीं के साँपों का
मैं आस्तीन में कुछ काले नाग रखता हूँ।

कभी तो हौसला आँधी का टूट जायेगा
जला के रोज़ हवा में चिराग़ रखता हूँ।

○

खुली आँखों से देखे यार सपने याद तो होंगे
तुम्हें उम्मीद के घायल परिन्दे याद तो होंगे।

शहर की ओर जब तुमने क़दम अपने बढ़ाये थे
गली के मोड़ पर बैठे अँधेरे याद तो होंगे।

कहीं ऐसा ना हो तुम भूल जाओ गाँव की गलियाँ
तुम्हें वो पेड़, पोखर, झील, झरने याद तो होंगे।

अँधेरी रात भी सुनकर जिन्हें आँसू बहाती है
अलावों पर बुजुर्गों के वो क़िस्से याद तो होंगे।

○

झील-झरने पहाड़ियाँ मुझ में
सैकड़ों पेड़, घाटियाँ मुझ में।

बन्द कर लो तमाम दरवाज़े
खुलती रहती हैं खिड़कियाँ मुझ में।

खासियत एक भी नहीं शायद
दुनिया भर की हैं खामियाँ मुझ में।

रोज़ गिरते हैं जिस्म के पत्ते
रोज़ उठती हैं आँधियाँ मुझ में।

पूरा संसार साँस लेता है
इतनी ज़िन्दा हैं पीढ़ियाँ मुझ में।

आज भी क़हक़हे लगाती हैं
मेरी अपनी उदासियाँ मुझ में।

○

दास्ताँ दिल की किसी को तो सुनानी चाहिए
दोस्तों की दोस्ती भी आजमानी चाहिए।

इतना ज़्यादा शोर बरपा है हमारे ज़ेहन में
अब तो हर इन्सान को बस बेज़ुबानी चाहिए।

मुद्दतों से मैं जला हूँ ग़म की गहरी धूप में
या ख़ुदा मुझको भी अब शामें सुहानी चाहिए।

मैं जो अपना अक़्स देखूँ तो दिखाई दे मुझे
रंग उन आँखों का थोड़ा आसमानी चाहिए।

□□